Kurt Neuburger

Wer füttert im Winter
die Fliege im Bernstein

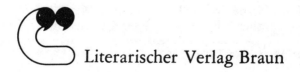
Literarischer Verlag Braun

Entwurf des Umschlags: Kurt Neuburger
Foto: Werner Kohn

© Literarischer Verlag Helmut Braun KG, Köln 1977
　Gesamtherstellung: Verlagsservice Hüttemann GmbH,
　　　　　　　　　　　Odenthal
　ISBN 3-88097-064-5

Kurt Neuburger

Wer füttert im Winter die Fliege im Bernstein

Literarischer Verlag Braun

LIED DES WÄSCHERS

der erhobene
finger war endgültig hin
ich kühlte

den fingerstumpf im wasser
da erwies sich
der finger als lurch

als dem lurch der schwanz
nachgewachsen war

sang ich alle lieder
der wäscherin nausikaa

ETÜDE
(für Romeo Sonntag)

Wer füttert im Winter
die Fliege im Bernstein
wer krault dem Mond
das helle Fell
wer öffnet die Tür
eines einzigen Hauptworts

eine Sicherheits-
nadel füttert im Winter
die Fliege im Bernstein
eine Trompete krault
dem Mond im hellen Fell
ein Schiffslicht öffnet
die Tür eines einzigen Hauptworts

vergebens sagst du
daß dies gegen
die Sonntagsruhe verstieße

und tückisch hat schon in deinem Rücken
der Gärtnerbursche den Weg gerecht
die Spur verwischt

Aber nun mach das mal:
ohne Gärtnerburschen
als Nicht-
schwimmer zwischen zwei
schwellenden Hügelketten berghoher Leichen
lieblich bepflanzt mit Reben
deine Strömung
auszuziehen (zu Kunst-
stoffaserlänge) und auf dem Fluß
zwischen den Hügeln Schiffchen schwimmen zu lassen

Julia tritt in deinem Rücken
hinter einer Weide hervor und
bemannt dein Schiffchen mit dir

Verunglückt beim Spielen!
Die trauernden Hinterbliebenen

Die Spur verwischt
Sage nicht, daß dies gegen die Sonntagsruhe

Spurlos entwischt
dem fliegenlosen Bernstein
auf der Sicherheitsnadel
zwischen Julias warmen
lieblich schwellenden Brüsten

ORPHEE AN DER HALTESTELLE

Ein lebender Leichnam
wartet auf
einen Konspiranten
es kann sogar an einer Omnibus-
haltestelle sein
wartet auf die Bordschwelle
eines Gesichts, gegenüber
auf die grüne Ampel, das Zeichen
zum Übergang
Das Stellwerk, nicht automatisch
auf Rot (welches?)
soll springen
springt nicht
(eine überfahrene
schwarze Taube liegt auf dem Damm)

eine Verkehrsstauung
ist ausgeschlossen:
ein einzelner lebender
Leichnam, zumal aus Höflichkeit
den Bürgersteig
benutzend, ist dafür kein Anlaß
Sein Anlaß — das Ablassen vom Grün —
hat zumindest annäherungs-
weise die unendliche
Geduld
billige Witze erzählt er
noch während der Wartezeiten
zum Beispiel den:
auf unserem Planeten warten
(ohne Bemühung der Amnesis)
alle Steigbürger
auf das Ansteigen
der Quecksilbersäule, kurz
vor der Explosion
der riesigen Gartenzwerge
Die Vorgärten in den Villenvierteln
lächeln dummlich
Domestiken haben ihre eigene
durchtriebene Schläue
wie gut sie ihnen steht, zum
Anbeißen gut
Nichtsdestoweniger wartet
der lebende Leichnam
mit Fleisch aus Vokalen, mit
Knochen aus Konsonanten
auf einen —

dal segno

Ein lebender Leichnam
wartet, es kann sogar an einer Omnibus-
haltestelle sein

    sie ist hier

DISPUT
vorm untergehenden Mond

Dein tintenfischiges Ohr
ist nun genug bedient
      von Zwerchfell Kehlkopf Rachen
      Zunge Zähnen
Des Mondes voller weißer Honighintern rutscht
genau auf eine Felsennase
die kaum am Honig riecht, geschweige
sich einzubohren, einzunasen. Unbefleckt
sinkt hinter einem kahlen
namenlosen Dunkelwald der Himmelswandrer
      Er hätte
      zur Not vorliebgenommen
      mit den schwäch-
      lichen Schmackeduzien am Teich, so un-
      übel sind ihre Lampenputzer gar nicht, sogar noch
      mit Besenginsterkratzern
Doch ihm ist
vorgezeichnet seine Bahn —

die dümmste Mieze kann
den Hintern lüften wie sie will. Wer sich
am Himmel
so vordergründig zeigt als Licht, leistet
auf Hintergründiges Verzicht. Warum
    fängst du noch immer nicht
    mit Ausziehn an, würgst du noch
    an dem himmlischen Gewölle?
Sei
nicht hybrid: hier reitest
du flossenmunter
in eine
schon teilmöblierte
und nur noch mittelmäßig heiße Hölle
    leg ein paar Kohlen
    auf, du junger Idiot, die graue
    Asche liebt ein knalliges Rot

Nein? Kein Blut? Wie gut
wir uns verstehn. Spritz deine Tinte ab
unlesbar macht
sie meine Nacht. Noch nicht mit mir zufrieden?
Du bekommst Format, mädchen-
gesichtiger Saint-Just. Nur eines:
überschätze nicht dein Tun
sonst könnt', statt kurz des Honighintern, für immer
dein abgeschlagner Kopf im Kasten ruhn
Du ziehst statt Sägespänen und celestrem Zauber
mein schmuddliges
Kopfkissen vor? Säuert
sein Schweiß dein
tintenfischiges Ohr
sauber?
O Antoine, nimm
den gesunkenen Mond dir vor

Schon gurrt im noch
morgennachtdunklen Dachvorsprungloch
mein geiler Tauber

WAS HABE ICH GESAGT

   oder blühende Kastanienbäume ausspucken
Meersand, Damen und Herren
Großmütter und Halbwüchsige, alle
netten Leute, die sich in nichts
verändert haben; das geht ohne den römischen
Luxus, mit Pfauenfedern
den Rachen zu kitzeln; bleibt
dabei der Geschmack eigenen Erbrechens

Mit Malebrin im Hotelzimmer
den Mund ausspülen; ein Mund voll
Seewasser tät's auch, aber das
liegt nicht immer
als Fußmatte vor der Tür
    mit zarter Zunge an den Spitzen der aus-
    gezogenen Schuhe leckend, es wäre
    nicht auszudenken, folgte eine beliebige
    Entführung —
de jure also warten
auf das spillrige abgemagerte Ding
mit der langen Nase, die alle Neugierigen
beim Auftritt ihres Gesichts nicht verleugnen
können, das Wort
das zu Buch schlägt

Woher kommt dieser Hustenreiz? Ich bin nicht
barfuß, meine Schuhe tanzen nicht allein
auf den Wellen, auch stehn vorm Fenster
nicht blühende Kerzen im warmen Nachtwind herum —
eigentlich schade, wenn man den Mund gern
voll nimmt
Sicherlich ist es dieser gedankenlose Schluck
Meerwasser, in dem Ali schwimmt
Mon dieu, man wird zerstreut, sagte
ausspucken und vergißt's
Da helfen auch nicht die soliden WAHÖ-Pastillen,
nur geduldig im Gehirn zergehen lassen
auch ist's albern, jetzt noch um Pfauenfedern oder
Mittel gegen Giftpilze und so zu lamentieren

Kein Rühmkorf konnte dem Mond verbieten
Ali zu vergolden
Was habe ich gesagt, wir haben unsere Zeit
in der Saison gebucht
Bei der fetten Henne, dem preiswerten
Gräberschmuck: die teuren Toten schwimmen
mit unverwestem Fleisch durch uns

WEITERMACHEN

Nicht alle Vögel
haben Reisepässe,
nicht jedermann
ist im Gesangverein,
und ein Gedicht kann
ohne Reim,
ein Rechnungsprüfer
sein Leben lang
ein Tänzer sein.
Stumm
ist das Flugspiel
eines Hühnerhabichts.

Solch Spiel
bewegt, ob es nun duftet
oder stinkt,
malt, singt oder schreit.
Die Menschen
haben dazu das Aufschreiben erfunden
und die Stimmen
mit Sätzen abgebunden.

Die hängen dann
auf den Marktständen
wie Zöpfe
von Knoblauchknollen still am Strick,
den keiner sich um den Hals wünscht.

ICH BITTE UM NACHSICHT

Ich habe mich angestrengt.
Sicher war auch das noch zu wenig.
Auf den aufgeräumten Tisch
legt sich
jede Nacht der Strang,
und ich nehme ihn an.

Am Tag,
setz' ich den Fuß auf die Straße,
ist ein Schwarm von Hausierern um mich.
Ich halte meine Augen,
meinen Hals hin,
für Strang und Binde.
Sie verstehen
und kleben sich an,
bedrängen mich
(über ihren grinsenden
Wulstlippen werden die Augen
immer stechender).
Sie machen einen Auflauf um mich,
   bis ich mit allem herausgerückt bin.
Dann langen sie mit ihren schmutzigen
Händen in meine geleerten Taschen.
Und lassen mich laufen, damit ich
neues verdiene, für morgen.
Ich sollte umziehen.
Wohin?
Wo die Hersteller sitzen, und sollte
sie fragen:
   Wozu
   diese Warenschwemme
   von Strängen, Mausefallen und
   Stacheldraht, meine Herren,
   ich würde Ihnen ja gern jeden Freitag
   einen Osterhasen abkaufen, bitteschön,
   auch die Feder von einem Silberfasan —

   ich bitte um Nachsicht.

VERPFUSCHTER TAG

Mein Sekunden-
zeiger
klemmt.

Die Wolken
schlafen auf der Stelle ein,
wo die Sonne bibbelte.
Der Himmel gähnt,
faul stehen seine Zähne umher.
Bäume dösen,
Regen schusselt,
Nebel kommt auf und schluckt sich dick.

Mein Sekunden-
zeiger
klemmt,
wer kann
die Kinnbacken meines Zeigefingers
wieder auftun?
Ich werde mich beim Präfekten beschweren,
er soll den Kerl verhaften,
der auf meinen Zeiger
den eisernen Topf warf.

Der Präfekt sitzt dick im Stuhl
und sagt:
Topf hin, Topf her,
's ist der Nebel.
Die Geschäftseröffnungen des Frühlings
finden nicht statt,
da die Türen und Fenster
und die Rolläden aller Kinderspielzeugläden
klemmen.

Zeigt mir sein
dickes Blasrohr als verständiges
Zeichen seiner Huld
und entläßt mich.

TONZWERG

Einen Sommer
bis in den Herbst
angelte der Tonzwerg
Märchen im Garten.
Ich hab's gesehn!
Oft zog er einen Fisch.

Kalt geworden die Welt.
Seine Schnur in Eis
hält die Angel fest.
Die Kinder sind traurig.

DER POLYGONE TRAUM

Vor dem Kino an der Ecke
war ein Spielzeugladen.
Ich will zum Spielzeugladen,
nicht zum Kino an der Ecke.
Ich bin an der Ecke,
da ist kein Spielzeugladen.

War er vor der nächsten Ecke, oder
der übernächsten, oder nach
der nächsten, oder übernächsten?
Weiter.
Nicht im Kreis laufen.
Zur Ecke.

Ecke, Ecke, wechsle dich.
Sie wechselt sich nicht.
Vielleicht ist die Ecke nicht,
vermutlich ist das alles
ein Feld. Ich habe sogar
die Freiheit, Furchen, die ich
für Ecken gehalten hatte, zu wechseln:
keine Feldwache, keine
Bettlergilde schreibt mir den Platz vor,
wenn ich, das Gesicht nach unten, ganz
still mit dem Bauch in der Furche liege.

So wird es sein: wenn ich mich
aufrichte, wenn ich aufrecht
stehe, beziehe ich Prügel,
werde ich von Feldjägern verjagt,
gejagt ... Sie können nicht alle
Ecken abgeschliffen haben,
nicht alle. Ich kann mich
nicht so getäuscht haben: vor dem Kino
an der Ecke muß ein Spielzeugladen
gewesen sein. Habe ich
etwa nur die Stadt verwechselt
oder das Land?
Oder habe ich mich verwechselt?

Ich werde zum Fundbüro gehen und höflich fragen:
Ist hier vielleicht eine Ecke abgegeben worden?

LEIBESÜBUNGEN

Mit langen Schenkeln
durch besonnte
Morgenfrühe laufen
aus feinen Fingern
Burgen, Kathedralen, Inseln schneien lassen
mit Fleiß den Regen auslachen —
ein gesunder Tageslauf!

JAN, KOMM BADEN

Ein Wind, dem nichts am Tag gelang,
durchstreif ich die Nacht,
biege von der langen Allee,
wo der Mond über eine Pappel kriecht,
nehme den Feldweg unter ihm,
streun' mit ihm durch den Schlafwald.
Drei Eulen sitzen
einem vom Blitz geköpften grauen Baum auf,

als hätte der Augen bekommen,
mich hier zu begrüßen.
Ich nahm drei Steine
und warf sie in die weisen Augen.
(Nach mir geworfene Steine
hatten die weisen Augen nicht gezählt.)
Der Mond erblaßt.
Nackt treff' ich auf den Morgen.
Groß, wie das Federwerk um die Eulenlichter,
wird die Iris seiner
weitaufgetanen Augen, die in Nacht sehn.
An den Wimpern schweißen Tropfen,
zittern, fallen. Schußhitzig lecke ich
jeden auf.
Als ich endlich aus dem Sand aufstand
und stand, war ich nicht vergangen,
nicht hin.
Wer kann: wie Wind
umarmen und — vergehn!
Ich weiß nicht. Mal sehn.
Ich gehe. Achte keiner aufstiebenden Lerche.
Suche den Himmel nach einem Habicht ab. Nichts.
Hopple wie ein kranker Hase, äuge. Nichts.
Ludere. Nichts.
Da nichts zu sehn, liedere ich
vor mich hin, liedere

    DAS LIED DES FUARABO
    Wer den Verstand verlor, wozu noch
    verständig erscheinen.
    Was meinen windigen Augen noch singt, sehen
    sie im Vorübergehen.
    Soll ich stehenbleiben davor
    und warten davor, bis die
    grasgrünen Blätter
    krumm von Herbst verwehen!
    Janus, Janus,
    zieh dir die römischen Hosen aus,
    lauf mit mir zum Fluß hinaus,
    Jan, Jan, komm baden.

Wenig mehr als nichts begegnet mir.
Deserteur aus dem Alltag
(mit der zweifelhaften Legitimation:
einer mit Versen bekritzelten Kladde
neben der trocknen Brotkruste in der Hosentasche),
schau ich
auf die jüngst verschwendete Schönheit der Armen.
Mittellos noch ein Verschwender,
verarmt, mit vollen Händen noch austeilend
ans Wenige,
geh ich den Weg. Wer auf die Worte
allein hört, hört wenig.
Ich lauf den Mittag an. Und falle. Wie hätte ich
ihm ausweichen können:
er tanzte mir vor den Augen
wie Luft über einem Reisigfeuer.
Wir haben —
o wir haben den über uns
bewundernd stehengebliebenen Wind,
wir haben den in e i n e r Säule hochsteigenden
Wind verheizt!

Aus bleigrauer Asche mich aufsammelnd,
gehe ich in den Abend.
O Abendmilde, Verführerin zum beruhigten Süden.
Aber
Nachtigallen zersingen das Dunkel nicht.
Und was ist aus ihr, der Landschaft selber, abzulesen?
Zusammenhanglos wie Buchstaben aus einem verworfenen
                                                                     Umbruch
in einer von seinem Besitzer bei Nacht und Nebel
verlassenen Druckerei
sehe ich sie da
stehen und liegen, die Steine, Gräser, Zweige, Äste.

Starr. Unbewegt still. Ich setze
aus den Buchstaben Wörter zusammen,
die es nicht gibt.
Mit ihnen durchlauf' ich den Abend.
Kann ich in diesen weißen
Mondnächten denn schlafengehen!
Ich habe kein Sitz- und kein Schlaffleisch,
ich wehe, ich fließe,
nur bewegt   b i n   ich. Ich stürbe
als Gedicht, ich stürbe als Fixstern, festgenagelt
über allen, die jetzt träumen.
Wo   i s t   der Wind, wenn er nicht weht!
Wo ist er, wenn er nicht weht?
Im Spott des Tods,
im Lächeln der Leichen:
grün! schmück dich —!
ehe ich
auftauche
am Ende der Allee.

Ich merk' schon, mit dem Gevatter ist nicht zu sprechen,
da ist nichts zu besprechen, ich strecke
ihm wortlos die Zunge heraus, gräßlich heraus,
wie die Zunge der Erhängten
zeige ich nur noch mit Zunge.
Doch die Zunge, zu lange herausgestreckt,
reizt zum Gähnen. Aber wie kann ich
in diesem vieleckigen Leben,
von dem mir gottseidank endlich nichts mehr verständig
scheint, gähnen!

Ich schlendere durch die verschlafen herumliegenden
Buchstaben der Landschaft, stapfe
zurück in die nächtliche Stadt.
Ich gebe zu, zuerst war ich selber ein wenig verwundert:
schlechtverriegelte Fenster klirrten,
wenn ich vorüberging, offengelassene
Türen knarrten, schlugen
auf und zu, manche setzen einflüglig

NACH ABZUG EINER LANDSCHAFT
aus Gänsehälsen und Hundeschwänzen

Die Gänse
            hinterm Zaun
wünschten mir
            hochhals
Bösen Morgen,
            unaufhörlich.
                        In
                        Ewigkeit
                        Amen.

zum Fliegen an,
und kreischen doch nur in den Angeln.
Da sie mir leidtun, geh ich rascher,
geh durch abgewohnte Straßen
bis vors Rathaus,
setze mich auf die Stufen. Da fallen
Ziegel vom Dach und die große Glocke
beginnt zu läuten.
Ich hatte das nicht vorsätzlich getan.
Schnell entfernte ich mich.
Ich sah mich immer kleiner werden.
In meiner eisernen Bettstelle
träume ich: ich säße wieder mit dem kleinen Janus
zusammen in einem Boot. Breitbeinig steht
er und schaukelt das Boot. Ich hatte ihn
auf dem gemeinsamen Schulweg gesehen
und ihm gerufen:
    Janus, Janus,
    zieh dir die römischen Hosen aus,
    lauf mit mir zum Fluß hinaus,
    Jan, Jan, komm baden,
    daß ich die liebliche Seite dir kränz',
    noch ist es Lenz —

Ja, so war ich, reimte auf ‚Lenz'!
Und Jan steht wieder mit seiner lieblichen Seite
breitbeinig auf den Bootsrändern
und schaukelt das Boot.
Und schaukelt und lacht und lacht.
An diesem Morgen sind wir beide
im Fluß
ertrunken.
Die Leichengase haben uns
wieder an die Oberfläche gebracht. Da waren wir beide
keine hübschen Jungen mehr.
Nicht einmal zum Anecken taugt
heut' mein vieleckiger Traum,
denn jetzt sitzen drei Eulen
auf meinem Baum.

Ich erwiderte
          artig
                mit gleichem
Geschrei und lachte dabei:
                        na
                        veky
                        amen.
Sonst traf ich niemand.
Ein alter
        Hund verbellte, später, pflicht-
schuldig seinen
                Hofhundgedanken
                          (auf Zeit)
und wedelte dabei
            schon wieder geduldig.
Freundlich
        und hochnäsig
                lachte
                      ich im Mondschein
dem wedelnd kläffenden Köter
                      in die Fresse:
Schon so kalt?
          Na velky kamen
                    (auf den
                      großen Stein).
        Hundeleben, bald
        muß wohl
        auch ich
        alt sein —
        alt sein — n-e-i-n, aufhören!:
        ich habe
                hier noch
                      zu stören.

Kaum gesagt, wie hab' ich mir
da jung in die alte Fresse gelacht,
            und gewedelt hab' ich
die ganze doppelwarme, doppelmond-
                süchtige Sommernacht.

KRÄTZEKUMPEL

Feuer? Moment. Hab' ich gehabt.
Gehörst du zur Koppel da? Nein?

Nun schmeiß schon das Ding weg. Hier. Was mein
ist, ist dein,
grins nicht.
Und Feuer. Junge, sag nur nicht danke,
ich piß inzwischen da an den Zaun,
junge freche hübsche Fratzen
wie deine danken nicht,
wenn ich das Wasser abgeschlagen hab', soll ich abkratzen —,
he du, soll ich dann abhau'n?
Nicht —?
Dann laß mich nicht so nach rückwärts schrein,
komm an den Zaun,
stell dich daneben.
So. So ist das Leben.
Ich spiel mich nicht auf, Junge.
Um dich hat sich wohl auch keiner gekümmert.
D i e Jacke, d i e Hose, d a s Hemd!
Die singen ein Lied, das ich kenne.
Bist genug allein gelaufen
und gleichfalls hier fremd.
Na siehst du, du kennst auch das Lied.
Du, der Zaunknüppel ist eine Pracht.
Wenn wir uns für eine Weile, nachher,
zusammenschmeißen,
wär's nett von dir,
mich nicht gleich in der ersten Nacht zu bescheißen,
wart' damit bis zum Hahnenschrei
oder bis Mittag,
wenn wir noch mal schlafsatt aufgewacht,
Mensch Junge, besser noch, du hältst drei Tage
durch, ohne mir eins übern Schädel zu ziehn
oder mir im Schlaf die Kehle durchzuschneiden,
ich kann nämlich keine
Spaßverderber leiden.
Hier —. Du hast keine Hand frei?
Mensch, nu kratz dich da auch schon,
mit Quatschen sind keine Zecken vom Sack zu vertreiben.
Keine Zecken? Im nächsten Dingsda
werd' ich morgen Krätzesalbe kaufen,

gleich für uns zwei beide —, grins nicht so, doch, grinse,
was, deine Birne kann ja noch glühn!
Mensch, Junge Junge, wird die Heide
nächstes Jahr hier blühn.
Komm jetzt von der Koppel.
Da werden bald welche zum Melken kommen.
Ich kann Krossopen nicht leiden. So nenn' ich die Leute,
weißt du, es gibt fast nur Leute.
Heute Nacht
war Vollmond, bist du auch die ganze Nacht getippelt,
auch kein Anhalter?
Selten in deinem Alter.
Wie wir zwei zusammenpassen!
Schade, daß es keine graue Salbe für Krossopen gibt!
Aber für die bin ich ja
der Aussätzige, hab' i c h die Krätze.
Scheiß drauf, nach drei Tagen
wird uns nichts mehr jück- und jucken,
nichts mehr kann uns kratzen, keine Macht
der Welt
(hab' noch etwas Geld),
nicht wahr, d a s war ein Mond die Nacht!
Ja, hier diese Kuhle wär' schon recht,
feiner Sonnensand, wie ich sehe.
Du, das Wetter wird so bleiben.
Fähnrich, kommen Sie jetzt in den Unterstand.
Nach drei Tagen
können Sie mich dann zum Teufel jagen
oder können heimlich desertieren.
Oder sagen: Scheißkerl, ohne Datum abgemacht.

Und dann machen wir uns auf
und der Mond scheint nur für uns
und der Regen wäscht für uns
und die Sonne lacht
für uns!
Müde? Hunger? Hier. Nein?
Leg dich dicht an mich, meine Junge.
Gute Nacht.

DER ROLLWAGEN

„Still, Miez! dies gehört auf
den Rollwagen oder ins Schiff."
(Jörg Wickram 1555)

Die Gitterung ist so weit gehalten, daß die Vögel
ungehindert ein- und ausfliegen können. Er sollte
dafür dankbar sein.
Er hat zwei gesunde Beine, dennoch
rollt er wie ein Soldat, dem man die Beine wegschoß,
und der nun mit Handantrieb sich
in seinem dreirädrigen Wägelchen
über die Straßen bewegt in
seinem Käfig.
Da dieser Käfig human gebaut ist,
hat man aus ihm nach allen Seiten
freie Aussicht.
Man kann, wenn man etwas geschickt ist, sogar
den Kopf durch die Gitter zwängen.
Und da man auch ein Bein rausstrecken kann
oder die Arme, ist beiden gedient:
dem, der drin sitzt, ist für etwas Bewegung gedient,
denen, die ihn begaffen möchten,
für ihre Sicherheit.
Viel mehr wäre eigentlich nicht zu sagen.

Er ist also in einem Käfig unterwegs.
Die Route, die er nimmt, ist ihm überlassen
(eine der Generositäten der freien Welt:
zur freien Aussicht die freie Route).
Zugegeben, das sind Rohangaben.

Mit der Vorgeschichte halten wir uns
nicht lange auf, man kann sie
(wie gesagt: roh über den Daumen gepeilt)
schlicht die vieltausendjährige Schande nennen.

Seien auch wir generös:
diese vieltausendjährige Schande,
die Schande der andern ist der Schatten
des Andern. (Wozu ihn verschweigen.)
Die Vögel über ihm sind fliegende Messer,
zerschnittene Luft fällt als Konfetti,
den Schatten des Strolchs begrabend.
Lacht den da doch aus, der sich
aus dem Konfettihaufen im Käfig
herauswühlen muß. Steht er erst, bleibt
er doch wehrlos (er hat keine Bundesgenossen)
und bedeckt mit Schande.
Laßt euch nicht entgehen, wie er um sich
blickt: nach dem grünschwarzen Negeratem
aus den vielen dunklen Gurgeln
— die Schlange kriecht ins
Sonnenuntergangsfeuerloch —,
fahlleuchtende jüdische Stirnen reiben
den rauhen Klagestein blank. Doch selbst
von denen macht sich keine Deputation
zu ihm (für ihn) auf.
Er ist allein. Gafft, es ist ungefährlich,
ihn ganz aus der Nähe anzugaffen,
er ist isoliert. Er weiß wohl selbst, daß er
keine Hilfe zu erwarten hat.

So setzt er eigene Anträge auf. Und verwirft
im achten schon den ersten bis siebenten Satz.
Und so weiter.
Dabei leckt er vielleicht an einem Eiskrem,
während die Flamme schon aus dem Dach leckt,
doch sie leckt den Himmel nicht

und die Vögel unterm Himmel nicht, die fliegenden
Messer unter seinem Himmel,
die im Flug die Zunge abschneiden können.
Oder
er strolcht einmal mit der Zunge
kurz über das eigne Fell,
wie die Katze ihr seidenes Fell lange leckt.
Er weiß: seins ist das des Marsyas, nur daß
für ihn kein Apoll am Ende steht,
um ihm lebendigen Leibs die Haut abzuziehn.
Das vollzieht sich minutiös langsam,
und in Streifen, zwischen
denen er atmet. Nur seine Ohren sind jetzt schon
ganz rohes Fleisch. Von den kleinen Nagern.
Die Erde wimmelt von Kleinlebewesen, schändlichen,
sie sind die Gratulanten mit den Schierlingssträußchen
in den in der Bürozeit gewaschenen Händen.
Obschon hier und da von ihnen einer
ihn rührend, auch sogar beinah schön anzeigt.
Oder bösartig. Diese sehen oft wie
ganz freundliche Leute aus, man weiß schon,
wie welche. Die Juden und Neger jedenfalls
wissen's.
Doch selbst von denen (die wissen, was
Prangerstehen ist und Schlimmeres)
machte sich keine Deputation auf
in seiner Sache. Da mag die schwarze Schlange
in das rote Sonnenuntergangsfeuerloch kriechen,
fahle Stirnen sich reiben am Klagestein,
allein er ist allein. Er ist
der Schatten ohne einen, der
den Schatten wirft.
Und strolcht. Ja, er strolcht.
Und entdeckt dabei
ganz nebenbei die Erde.

Vieltausendjährige Schande,
die Schande der andern ist der Schatten
des Andern.

MASSNAHME

Es war ein unan-
gemessen langer
Vorfrühlingsspaziergang.
Beeil dich,
der Friedhof will
eine frische Leiche.

Dieser fährt rad,
jener fährt Kahn, der frißt Menschen,
sie hüpft sack, er läuft Stelzen,
man hält maß.

SCHEMO BORUCH HU

Schemo boruch hu.
Gelobt das Wort, das steht
vor namenloser Macht.
So lobe, namenlos Lobender!
Dunkler,
spielend Probender, silber-
grauer, erzschlauer
aufgespalten
bis ins Tote,
hart gehalten,
nur durch nacktes Leben
wieder sich dem Leben zu einen,
lobe:
schrei den blassen Knecht an,
schmeichle
dem Verkommenen: Komm! daß er
ahnungslos und blind die Hand führt,

ungerührt
den Bestand vom feinen grauen Beet räumt,
daß es sich mit rohem neuem
Grün beträumt. Und ein neuer Kreis
beginnen kann.
Ruf ihn an,
den schönlingsharten Knechtsmund,
ruf ihn an, den ohne Mund und Lied,
den so anders Mitverlorenen
dem lebendigen Geschlechte,
Zwischenglied —,
ruf ihm, schmeichle, zahl ihn, schrei
ihn an, und seine Hand
holt aus seinem Körper aus
zum Streich.
Nicht dem blinden Werkzeug weich,
nicht dem Gedanken,
den du selbst in Lust
schaudernd vorgedacht
und schon gewußt
im Reigen
auf der blanken Wiese.
Diese Kette der Gelächter und der Bilder macht
erst, daß du dich dem Schweigen
ohne Mund
schweigend stellst —
und fällst.
Schemo boruch hu,
schwach geschmückt vom Stöhnen
und vom Schrei vor dem neugeborenen Lied:
aus dem Kreis der abgelebten
frohen Schönen sank es,
den es ein zum Kreisel zieht.
So die Mitte sich gewinnend
und zuunterst Bodensatz beginnend,
werden auf des Kreisels Scheibe
alle Bilder in den Schwung verwischt —
knallt die Peitsche hart dazwischen,
tanzt der Nagel in dem Leibe.

GESCHICHTEN VOM ALTEN BING

I

Ja, wenn erst Schnee fällt!

Der alte Bing sagt:
Bevor der Straßenfeger kommt,
auf ein Sätzchen, Ding,
in mir sitzt vom Halsabschneiden abwärts
vier Fuß tief ein Gefühl zu dir.
Ding sagt:
Vom Halsabschneiden abwärts vier Fuß tief,
wo man sitzt?
Bing sagt:
Ich fürchte nur, Ding,
du hast es falsch verstanden,
ich bin Bing.
Ding sagt:
Ich verstehe, Bing,
du hast dich gefürchtet.

Die Unklarheit ist ausgerottet,

der Kopf ist hineingesteckt.
Man verbeugt sich
und geht,
schwer gekränkt,
mit abgeschnittenen Hälsen.
Der Straßenfeger, nicht gekränkt,
erfreut über Sätzchen, sagt:
Ja, wenn erst Schnee fällt,
vier Fuß hoher Schnee!

II

Das kann man wohl sagen!

Tag um Tag ist schlechte Nacht,
der Alte ist nicht unerheblich eingeschränkt,
Nacht um Nacht ist schlechter Tag,
der tote Fisch zeigt zwei bedenklich tote Augen.
Der kahle Schädel
des alten Bing
rollt in kühnen Kurven.
Tag um Tag ist schlechter Fisch,
die toten Augen sind nicht unerheblich eingeschränkt,
in kahlen Kurven
rollt der alte Schädel.
Der tote Tag zeigt zwei schlechte Nächte.
Tag um Tag: Schädel geradeaus,
Nacht um Nacht: Kurven quer.
Fisch um Fisch,
Auge um Auge,

schlecht ist nicht unerheblich eingeschränkt.
Der Alte zeigt kühn Tag um Tag.
Der Alte quer,
der Fisch geradeaus,
Alter geradeaus,
Fisch quer.
Nacht um Nacht rollt bedenklich,
nur noch unerheblich
eingeschränkt.

III

Das seht euch mal an!

Gibgibgib schreit der Nachtvogel.
Die Morgengabe des alten Bing:
ein Augapfel,
der vom Baum fiel.
Die Abendgabe des alten Bing:
ein Kehlkopf,
der vom Kopf fiel.
Gibgibgib schreit der Nachtvogel.
Ein Bein,
das aus den Schienen sprang,
ließ ihn verstummen.
Da fuhr der Morgen
der Nacht an die Kehle.
Gibgibgib
röchelte noch
der Nachtvogel.

Fehlinformation
BIMSSTEIN

Es ist
wahrscheinlich
ein ganz kleines Tier,
kleiner als ein Zaunkönig.
Obschon hart, ist es überall
unregelmäßig durchlöchert,
dabei ist es so leicht,
daß es mühelos auf Wasser
schwimmen könnte.
Das trockene
Laub raschelt kaum
bei seinem Durchgang;

auf
den Laubblättern spielen
Männchen und Weibchen Wippe.
Mit ihnen verglichen,
ist das kleine
bimssteinfarbene Tier
groß wie ein grauweißer Turm
von zehn aufeinander-
stehenden Elefanten.
Mißtraut es
solchen Maßstäben? Es ist unstet.
Vorsichtig
geworden, vielleicht betraut mit
geschäftigem Müßiggang, unweiser
Weisheit, zernagt's
das eigne Rascheln:
da war kein Blatt
keine Wippe,
kein Männchen und Weibchen, kein
Erdherbst.
Seine Scheren
zerschneiden noch
die leeren Ränder.
Wenn das Säckchen,
das Bündel letzte Habe,
voll ist,
wird der griese Esel, der nicht
mit seinem unglücklichen
jungen Herrn einreiten durfte
in die goldene Stadt ohne Laub,
alles zur Mühle tragen.
Ein Aschenregen begräbt
die Goldene.
Der Überfluß wird so groß sein,
daß niemand Bimsstein
zu Reinigungszwecken benötigt.
In ihm tanzen wieder wortlos

nur Atome —

SILVESTERMEDITATION

einseinsnull einseinsnull
das mauseloch war der dieb
nicht die ratte
wer einen erhängten in der familie hat
der sage nicht zu seinem nächsten
hänge mir morgen den fisch auf

SENTIMENTAL JOURNEY

es aß sich verdrießlich trocken

meine pfeife
               staniol
                            vier löcher
mit der spitzen nadel
  darauf den hänfling
                             anstecken
ich inhaliere den drei-sekunden-zug
den zweiten
              den dritten
                         den vierten
das zimmer verliert sich ein bißchen
nur meine oma im rahmen (ob sie
noch jungfrau ist)
sehe ich plattfüßig lächeln
ich lächle ihr zu
  woher ist denn fritz jetzt da
    ich zelte,
           singe
das lob der nomaden

meine finger greifen durch alle wände

EIN FISCHSCHUPPENGLÜCK GEHT VORBEI

scaglietta, kleine schuppe schillert noch
wenn der wind weht
ob der fisch schon stinkt
weil obiger nicht mehr frisch ist
da nicht obig
darob weil's so im vertrag steht
der auch nur ein wisch ist

DODO
(Didus ineptus)

Sie hatte in ihrem Kropf
einen Stein
behalten, den kicherte
sie sich aufs Grab,
einen Stein (glatt und griffig
wie eine Niere von Arp,
nur wesentlich schwerer),
daß er die Auferstehung
des Fleischs unterdrücke.

Sie geht um und macht
ihr Widerspiel, entgegenkommend
und ernsthaft
wie eben alle Dirnen
und Philosophen (das stammte noch
aus einer schwachen Erinnerung
an ihr Leben).
In Oxford hatten die gefräßigen
Motten nur ihren Kopf
und die Füße übriggelassen —
peinlich, peinlich, so unter die Leute
gehen zu müssen!
Zugegeben: die schlaffen Federn
ihres Bürzels ehedem! was an ihr
war eigentlich nicht peinlich gewesen!
Zum Beispiel konnte Dodo
bei Lebzeiten den großen Kopf
ganz in die den Hals umliegende
Vorhaut zurückziehen,
kurz, alles an Dodo war ungereimt,
unschicklich gewesen, sehr unpassend,
zur Verbreitung untauglich.

Dodo,
die tote Dronte, weiß
sich zu helfen:
Was heißt hier ausgestorben!
Den Kopf unterm Arm (welchem Arm? egal),
tut sie sich auseinander
und verteilt sich: in einer schönen alten
Weste dunkler Herkunft (genau gesagt: grau,
mit Gelb abgesetzt),
unten in engen jeans.
So sich
auf keine Brautschleppe
tretend, geht
Dodo, geht die Dronte um
als Papiertier
und vertut sich.
Schon bei Lebzeiten am Tochus
kaum Sterzfedern überm Loch, fallen ihr
diesbezügliche Auslassungen
nicht schwer (nu sag bloß,
es gäb' keine höhere Gerechtigkeit!),
sie, die zur Verbreitung Untaugliche,
breitet sich aus in den Köpfen
(mit dem von den Motten übriggelassenen
Kopf),
massig wie ein Schwan, zugehörig
zur Klasse der Tauben, jenem Vieh,
von dem der Dichter der Ritninge (erstes i
langes i) sagt:
    Die Drüsen gurren,
       faß den Kropf an.
      O alle meine Täubchen.
Nachschub für Worte! Arme Dronte,
da war doch damals
zuletzt nur der Stein im Kropf,
den sie sich dann aufs Grab kicherte,
daß er die Auferstehung (siehe oben)
des Fleischs (im Wortfleisch)
unterdrücke.

Dann kam, wie man weiß, die Geschichte mit den Motten,
die von Dodos natürlicher Schönheit
(schließlich ist Schönheit Geschmackssache!)
nichts als den Kopf (nun ja, und die
Füße) übrigließen.
Kunststück, daß diese Mottengeschichte
es Dodo gründlich verleidet hat,
je wieder einen Auftritt
im Flügelkleide zu machen.
Aber auch keinen andern Fummel
duldet sie in der gleichen Form länger
als sie braucht, über den
Laufsteg zu gehen.
Dodo, in ihrer lauteren Dummheit,
nur gewitzt, aus der Not eine Tugend
zu machen, macht sich nichts vor,
ohne viel Federlesens geht sie an die Arbeit.
Einige playboys finden diese Anfängerin sei zu linkisch,
einige girlfriends sticheln, das tut sie aus Raffinesse,
aber allgemein bewundert man ihre Furchtlosigkeit
auf dem Laufsteg,
(auch das war ein Mißverständnis: Dodo glaubte, die Katze
sähe nach den Schmetterlingen, doch davon später).
Dodo macht, entgegenkommend wie alle
Menschen, Dirnen und Philosophen (wie gesagt,
das stammte noch aus einer schwachen
Erinnerung an das Leben),
Dodo macht eine Art Modenschau
in einem amerikanischen Warenhaus
vor Jugendlichen, die besonders
die bis unter die Augen gehende Spalte
(ihres hakenförmigen Schnabels) anstarren
— nach den Berechnungen des Abteilungsleiters
bringen die Eltern die Unkosten
dem Warenhaus dicke ein — (immer diese
läppischen Abschweifungen, wo Dodo
doch noch nie einen Schweif am Steiß
gehabt hatte!),
also

Dodo macht mal:
Weste an, Weste aus (öfter aus!),
die jeans läßt sie sich erst spät nachts
in ihrem Hotel von einem Negerknaben (Mauritio)
ausziehen
und sich auseinandertun (schnell ein Lob
für die Analphabeten),
das wird nicht vorgeführt,
ein Präfekt hält die Lampe (wir lernen ihn
noch kennen). So das wär's. Für's erste.
Verehrte Herrschaften, werte Damen und Herren,
auf den oben angegebenen Wechsel ist zu achten:
mit Weste, ohne Weste (wie gesagt öfter ohne!).
Noch eins: Dodo, die Dronte, hat nie
fliegen, nicht einmal schwimmen können
— peinlich, peinlich, als Vogel nicht fliegen
können und leisetretend, trip trap (auf nur
vier Zehen an jedem Fuß), so unter Leute
gehen zu müssen. Übrigens:
Dodos Nutzen übersteigt den Schaden.
Alle Ornithologen, Auguren, Haruspices und Kritains
seien hiermit aufgefordert,
dies in ihren geschätzten Vogelbüchern zu vermerken.
Wer Gegenteiliges in Umlauf bringt, soll
bei lebendigem Leibe verfaulen, ausgestopft
und präpariert werden und wie Dodo von den Motten
aufgefressen werden bis auf den Kopf und die Füße —
und dann wollen wir mal sehen, wenn sie dann
weder sitzen noch stehen können,
wie s i e den Kopf dann noch oben behalten
und ihr Widerspiel machen.

O Geduld, und nochmals Geduld mit den
gebeugten Rücken
und mit dem unerlösten Wort im Fleisch haben
— ist alles.

GASTGESCHENK

Schenk euch
        Kaurischneckenschalen,
       Grabbeigaben, hei
         ihr Leichen,
schenk euch
Moritaten,
      selber täglich hart
       gewiesen auf den Aufschub, Moratorien
               mir erbänkelnd,
schenke ich euch

wunderbare Nachricht, schaurige Geschichten,
Maulgeräusche —
Murmur, mampft sie,
               lieben Leute, fühlt euch
               bannig hier zuhaus, ihr besitzt
                       was man besitzen kann —
weiß, was sich gehört als Fremder, schenk
euch Gastgeschenke: Kauri-
    schneckenschalen,
        Grabbeigaben, hei
            ihr Leichen, schenk euch Moritaten:
wunderbare
Nachricht,
  schaurige Geschichten, Maulgeräusche —
Murmur, mampft sie
Ja, ich komm euch mündlich,
komm mit Stimme, dem Geräusch
        des Augenblicks, denn was
gäb es groß zu ewigen noch für Schatten
               (wenn auch bunten), die noch
babbeln, hohl gespenstisch —
        lieben Höhlen, schenk euch
            aus den Wellen Kauri-
schneckenschalen, Grabbeigaben, Scheidemünzen, Tausch-
artikel
für die Seelenwandrung,
Moritaten,
aufgezogen auf der Bastschnur —
            dran erhängt euch
                    (Schatten sind ja leicht)
und baumelt Bammelmännchen

Leicht bewegt
      (aller Anfang war Bewegung!)
  schaukelt in den Wellen meiner
  Stimme, im Geräusch des Augenblicks, alsdann
      doch vielleicht der eine oder andre
        mit
den Stimbis um den Hals.

LINKSHÄNDERSPIEL IM FEBRUAR

Noch durch den gewürgten
Hals schwarzer Februarsonne
Schein-
werfer, verloren,
verlassen spielen lassen:
nichtschießen.
Oder:
bei Ausfall des Lichtaggregats:
FM- (Fledermaus-) Radar.
Oder: Stockhausengruppentonkatapulte. Oder:
zoon eroticon spielen:
Hund, Baum, Hinterhand (lefthanded) hoch, etc.
Leuchtet (auswechselbar)
ein: Schattendroge
von Querlicht. Doch stramm Baum allein, Stamm-,
Phalluskulte und so
fällt flach. (Singen
hilft der Wäscherin nicht zu Weiß
vor der Eishaut am Pantareibach.)
Sekundensplitterzeit (reiß
aus dem Bart ein Haar
aus!) So wirds gehn.
Scherbengericht
proteisch: LINKSHÄNDERSPIEL (auswechselbar).
Klöppelmuster, Scherbenzusammensetzen, schmatzendes
Scherbenmustergestaltziel
fällt flach. (Singen
hilft der Klöpplerin nicht zu weiß
vor der Eishaut am Pantareibach.)
Sicheinherzfassen: anknallen lassen.
Positionslichter vom Nacht-
flugzeug abschießen:
halbe Arbeit.
Schein-
werfer, verloren,
verlassen spielen lassen.

Nicht flach bricht sich Licht
an Scherbenrändern
(nichts an den Scherben ändern!).
Dschuma iru: laß. Laß ab. Leichtergesagtalsgetan.
                                                       Irgendwastun.

Was. Verloren, verlassen (nicht auswechselbar).
Querlicht. Kein Querschnitt.
Hochbeinig lässighart:
tumirwasan -rein -drüber -drunter (mit üblicher
Gefahr auswechselbar):
zerschlagener Spiegel
(nicht flach bricht sich Licht
an Scherbenrändern). Und so
fort. Oder. Auswechselbar.
Also doch vielleicht nur Baum, Hinterhand (lefhanded) hoch?
Backsteindick falsch; unwahr (= unfrei).
Zu wessen Vergnügen (wiedewauwei)
steht denn da immer noch
Hund, Baum, etcetera?
Einleuchtend: ETCETERA (einziges Leuchten, also:)
Hund Baum stehn lassen. Zumindest als Trost-
Preis. Cela n'importe pas (lost, left lost, . . .),
lost, nicht die Miene verziehn dabei,
left, begrenzt
aufleuchtend lügen: listige Lust am Verlieren, oder.
C a   i r a!
Dein Kopf   h a t   keinen Hutmacher,
ganz offenbar nicht auswechselbar.
Im verschlossenen Habenichts, keinesfalls
auswechselbar (mundus est fabula),
einzig durchgängiger Durchgang (Kehlkopf im gewürgten
Hals schwarzer Februarsonne,
Zunge flattert Schockschatten des Querlichts).
Nicht in Handscherben fassen.
Das Linkshänderspiel:
Licht (auswechselbar) an Scherbenrändern
sich brechen
lassen —
Oder: Segel für Niemand setzen.

DER BOBBY-GREEN-SWING

nun steht ihr da
und haltet still wie stein und ding
und haltet still
die hand aufs loch
doch
bobby green weiß was er will:
sein job ist wellenreiter
auf dem being in a blue mood swing

e i n s c h i f f   m i t i r r e n i r r t i m a l l
und wartet auf den knall und fall

leb wohl mama leb wohl papa
macht weiter die kurze zeit die euch verbleibt
macht weiter euer mäh und muh
und macht die magren heiden fett
wie euch
und spart euch euer testament
für schatztruh' und prokrustesbett
wollt mir deshalb nicht grollen

tatütata o mein papa
die schicksalskobra macht jetzt ihr voodoo:
mimi mimi
ruft's aus dem wald
(und was ein rechter kerl war
der kannt' kein ander zollen)

im sternenwald im sternenwald
steht offen schon die falle
wenn so und so die falle steht
komm lieber mord und knalle
was ist ein knall
ein kleines loch
im großen loch

daß mich der teufel hole
die kenn' ich doch, ich bobby green
ich kenn' ihre mörderparole
das schauaug zum zielaug verhundsend
und singe noch
und singe doch

ich weiß ich weiß, welt ist gesang
ist welle
gesang ist nicht neu
nur wie
olysses' alte schweine sangen schon auch
sangen auch schön
grunzend
und seemannskehlen versoffen schon und
versangen schön nach altem brauch
in allen honkytonkys ihre heuer
mit ihren shanties von kap horn
ich, bobby green, sing
meinen being in a blue mood swing
und der ist auch nicht viel neuer

so fahr wer lust hat weiter
auf alten segeljammern
denn es ist der alte jammer geblieben
ob nun mit diesel und öl angetrieben
euch selbst macht das nicht gescheiter
so fahr wer lust hat so weiter
e i n   s c h i f f   m i t   i r r e n   i r r t   i m   a l l
und wartet auf den knall und fall

ich aber jamm und jamm
und seh' sie ohne neid vorbeiziehn
ich, bobby green, der wellenreiter
auf dem being in a blue mood swing

und wie zu zeiten von kap horn
hör' ich's im vorüberziehn
„wir alle sitzen doch im gleichen schiff" —
mein cap das ist ein andres riff
killt weiter auf dem gleichen schiff
in dem ihr hockt und hockt überm leck
da hilft kein handdraufhalten
im alten
schiff

bald steht ihr da
und haltet still
(im sternenwald steht offen schon die falle)
denn euer kopf liegt modernd schon
(nach seite 12 im großen buch)
auf tiefem grund
derweil ihr noch kapert drillt und killt —
und euer hochmut schwillt blind
wie alle segel vor dem wind
hopheißa bei regen und wind
macht noch die magren heiden fett
und blind wie euch
und spart euch euer testament
für schatztruh' und prokrustesbett
e i n   s c h i f f   m i t   i r r e n   i r r t   i m   a l l
und wartet auf den knall und fall

was tut es da was tut er da
was tut sie da was tut es da
getu tatütata
gesülzt, geselcht, verquatscht, vertut gesalbt die zeit
was tut es da es ist so weit
hopheißassa hopst noch einmal
der steht auf dies
der steht auf das
der ostwind bläst der westwind bläst
geblasen wird ins nebelhorn
ade kap horn
was macht das aus
bald ist es aus
mit euch im gleichen alten schiff
der steht auf dies und der auf das

und alles beißen bald ins gras, ins meergras —

was schert sie das
d e r steht auf dies und d e r auf das
sie fahren sich an die gurgel, ach was
und alle stehn sich
immer tiefer in die nasse gruft
die sie sich selber graben
niemand will sein
alle woll'n haben
jive jive jive
der steht auf schwarz und der auf weiß
der steht auf kühl und der auf heiß
der steht auf wife
der sissy drauf was dito steht
ihr slang ist gleich, ob fluch, gebet —

ein schiff mit irren irrt im all
u n d w a r t e t a u f d e n k n a l l u n d f a l l —
sprich mit der kuh französisch
o so verrückt werd' ich nicht sein
ob einer icky ist das steht —

gerad' reit' ich am gespensterschiff vorbei
(natürlich überholt es mich)
ich bin so frei
und durch die hohle hand schrei'
ich euch
in eure ohren
ein grußgelall vor knall und fall
wie ihr's versteht
wer von uns icky ist das steht
nicht damit . . . (der wind verweht
die brocken)
im im im (loch, das schiff hat schon . . .)
zusammenhang zusammenhang wie grün sind deine nadeln
sie stehn nicht nur erschrocken
zur sommerzeit
die welt ward eng

o hoffnung o wie weit
o mief von mensch o mief
o zeit o loch
wie tief
der mensch ein spott

noch einmal gaukelt horizont den rettungsring
du stehst nicht still
o zeit o loch in gott

nur bobby green weiß was er will —
doch mehr
als das
was er
will
weiß auch er nicht weiter
mit seinem letzten job als wellenreiter
auf dem being in a blue mood swing

und von dem geisterschiff
sah er noch einige albern winken
eh' sie gen himmel fuhren
um zu ertrinken

WER FÜTTERT —

haben wir vor
so viel welt
und knistern im gebälk
die frage überhört?

von ihr
ist keine rede mehr
sieh selbst: aus dem sie schlüpfte
der kokon ist leer

INHALT

Lied des Wäschers
Etüde (für Romeo Sonntag)
Orphée an der Haltestelle
Disput vorm untergehenden Mond
Was habe ich gesagt
Weitermachen
Ich bitte um Nachsicht
Verpfuschter Tag
Tonzwerg
Der polygone Traum
Leibesübungen
Jan, komm baden
Nach Abzug einer Landschaft aus Gänsehälsen und
                                      Hundeschwänzen
Krätzekumpel
Der Rollwagen
Maßnahme
Schemo boruch hu
Geschichten vom alten Bing (I, II, III)
Fehlinformation Bimsstein
Silvestermeditation
sentimental journey
Ein Fischschuppenglück ging vorbei
Dodo
Gastgeschenk
Linkshänderspiel im Februar
der bobby-green-swing
wer füttert —

Kurt Neuburger wurde 1902 in Berlin geboren; er lebt in Berlin-Kreuzberg als freier Autor.

Viele Jahre hat Neuburger als Schauspieler, Dramaturg und Regisseur gearbeitet.

Von ihm erschienen „Junge Lieder auf alten Saiten" 1920; „Die Leute von Turakarki" 1966; „Der Tod des Herrn Tarantel" 1967; „Diesmal andersrum — Landschaft oh — ne pocahontas" 1967; „Allerliebste Schulreformfarm" 1967; „Pusteblumen" 1968; „Das Tor zum Garten von Adam und Eva" 1969; „Lesebuch — Gerüchte vom herzlichen Leben" 1977.

Kurt Neuburger veröffentlichte viele Beiträge in Anthologien, Zeitschriften und Zeitungen, im Funk und im Fernsehen.

Seine Arbeitsgebiete: Lyrik, Prosa, Schauspiel. Außerdem schuf er eine neue Gattung in der Literatur, die RITNINGE, reimlose Dreizeiler (Auswahl mit Nachwort in NEUE DEUTSCHE HEFTE, Nr. 110).

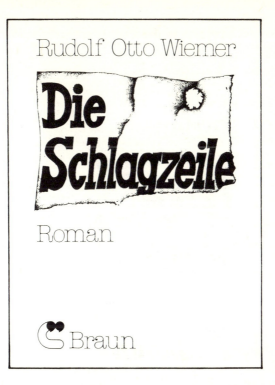

Rudolf Otto Wiemer „Die Schlagzeile"
Roman, ca. 400 Seiten, DM 28,—.

: MUTTER BEDANKTE SICH, POLIZIST
HATTE IHREN SOHN ERSCHOSSEN. :

Auf Anfrage erhalten Sie kostenlos
ein Verzeichnis aller lieferbaren Titel.

Literarischer Verlag Helmut Braun KG
Dunnwalder Mauspfad 390
5000 Köln 80
Telefon 0221-601457

Edgar Hilsenrath „Der Nazi & der Friseur".
Roman. Linson mit Schutzumschlag.
424 Seiten. DM 28,—

: Ein Meisterwerk, desgleichen die Literatur
über diese Höllenzeit wenig aufzuweisen hat.
Aufbau, New York :

Auf Anfrage erhalten Sie kostenlos
ein Verzeichnis aller lieferbaren Titel